I0567422

CLEPTOCRACIA

J. Q. Jacobus

CLEPTOCRACIA

1ª Edição
POD

KBR
Petrópolis
2013

Edição de texto **Noga Sklar**
Editoração **KBR**
Capa **KBR s/ Arquivo Google**

Copyright © 2013 *J. Q. Jacobus*
Todos os direitos reservados ao autor.

ISBN **978-85-8180-212-1**

KBR Editora Digital Ltda.
www.kbrdigital.com.br
www.facebook.com/kbrdigital
atendimento@kbrdigital.com.br
55|24|2222.3491

POL003000 - Cidadania

*A justiça deve sempre ser colocada em questão,
assim como a sociedade só pode existir por meio
do trabalho que realiza para si mesma e para suas
instituições.*

Michel Foucault

Sumário

Prólogo

Quando descrevemos o nosso país, apontamos com orgulho para a beleza da terra, a abundância dos recursos naturais, as praias, o clima, as pessoas acolhedoras, o talento dos músicos, dos artistas e dos escritores, e, é claro, dos jogadores de futebol. Isto é mais do que muitas pessoas dizem sobre seus próprios países.

Mas então aparecem as nossas queixas: violência, criminalidade, corrupção, burocracia, injustiça legal e econômica. "Por que insistir nos aspectos negativos?", você pergunta. Se você nunca reclama desses problemas, se está completamente feliz com o seu país, não deveria perder tempo com este livro. Mas se está interessado em saber *por que* somos uma nação defeituosa — não apenas as *razões* para sermos corruptos, injustos e sem lei, mas o que teria de ser feito para corrigir o problema —, então você deve continuar lendo.

É comum ouvirmos dizer que "o Brasil nunca vai mudar". Com o tempo, consegui compreender a sabedoria dessa afirmação. O governo do Brasil provavelmente nunca vai mudar a si mesmo; em outras palavras, a estrutura de poder que governa o país talvez nunca abra mão do controle de modo generoso ou voluntário. Esperar que o poder seja entregue como os presentes em volta da árvore de Natal produz muito pouco em termos de resultados. Não obstante, a história mostra que qualquer forma de governo pode ser mudada.

"Se você quer que algo seja bem feito, é melhor que você mesmo o faça", me disse um estrangeiro. Assumimos responsabilidade por nossos próprios assuntos, mas não pelo que acontece no nosso país. Desde a morte de Tiradentes deixamos isso na mão dos capitães, dos reis, coronéis, dos ricos e dos poderosos. Como todos sabemos, conta a lenda de Tiradentes que um pequeno grupo de homens se opunha ao "quinto", os 20% de impostos que Portugal cobrava dos colonos. A Coroa de Portugal queria ter lucro com a terra; seus inquilinos — quer dizer, os trabalhadores brasileiros, como o próprio Tiradentes — queriam que o dinheiro público obtido nos impostos fosse usado para o desenvolvimento da colônia, na forma de infra-estrutura, escolas e assim por diante. Tiradentes tentou derrubar o governo, mas foi preso e condenado à morte. Admiramos e enaltecemos Tiradentes, mas dele ouvimos a mensagem de que é inútil tentar mudar o governo do Brasil.

O que mudou? Quem governa o país agora? Os eleitores?

Também dizemos: "Os brasileiros são uma gente feliz". Nesse caso, o que pensamos é realmente verdade. A BBC *Veja* publicou matérias sobre um gene que pode facilitar o otimismo através do aumento na captação de serotonina.[1] Apenas 16% dos ingleses têm esse tipo de gene, ao passo que 40% dos brasileiros o possuem.

E por que isso não é uma boa notícia para o futuro do Brasil?

Você se lembra da história dos sapos que vão se acostumando à temperatura da água enquanto ela se aquece cada vez mais? Se você coloca os sapos numa panela e aumenta o fogo, eles vão se adaptar até a água ferver. Talvez morram felizes, mas certamente vão morrer.

Não quero sugerir que vamos todos morrer se não fizermos alguma coisa para corrigir os problemas da nossa nação. Apenas quero alertar meus companheiros sapos sobre o perigo que nós e nossos filhos estamos correndo. Uma adaptação sorridente pode se transformar em uma sentença de morte, ainda que seja a morte de qualquer esperança por segurança e justiça.

---

1 Beguoci, Leandro. O gene do otimismo. In: *Veja,* 6/5/2009, nº 18, ano 42, pp. 132-134.

Se você chegou até aqui, leu as palavras de Foucault quando diz que uma nação deve cuidar de suas instituições. Antes de continuar lendo, pense um pouco sobre o que você *acha* que deveria mudar no nosso país e o que impede essa mudança. Suspeito de que a maioria de nós sabe o que está errado, mas tem apenas uma vaga ideia das razões pelas quais os problemas existem ou o que deveria ser feito.

Talvez você já saiba. Eu não sabia.

Fisicamente, o Brasil é um lindo país, mas a beleza não faz uma nação ser grande; o Brasil está se desenvolvendo rapidamente, mas não no sentido de ser uma grande nação. É verdade que não existe nenhuma nação que seja perfeita. A perfeição é difícil de alcançar. Mas não acredito que as imperfeições do Brasil sejam acidentais ou fáceis de serem superadas.

Primeiro, devemos reconhecer quem somos.

Capítulo 1
O Brasil é uma cleptocracia

No início, eram chamadas "capitanias". Mais tarde, depois que o Brasil se tornou independente de Portugal, os donos de terra passaram a ser chamados de "coronéis", devido às suas ligações com o exército. Quando os ditadores da época do regime militar permitiram que o Brasil voltasse a ser uma democracia, os governantes engenhosamente construíram um sistema que se *parecia* com uma democracia, mas que, na verdade, impedia o eleitor de exercer o controle. Esse plano, chamado "Constituição de 1988", colocou as raposas no controle do galinheiro, e como resultado, nós, as galinhas, temos toda razão de nos sentirmos inseguros.

Agora avancemos até o ano de 2009, quando os noticiários apareceram cheios de alegações de que o senador José Sarney estava gastando dinheiro público como se pertencesse a ele. Na edição do jornal *Estado de Minas* de 8 de fevereiro, Affonso Romano de Sant'anna explicou a diferença entre dinheiro particular (dinheiro obtido por uma pessoa e gasto com necessidades e despesas pessoais) e dinheiro público (dinheiro que o governo cobra dos cidadãos através de impostos, que deve se destinar ao tipo de serviços públicos que Tiradentes queria) — uma diferença que não tem ficado clara desde que as Capitanias foram criadas no Século XVI: naquele sistema, a terra e tudo o que ela produzisse pertenciam ao dono e seus descendentes. De acordo com Sant'anna, o comportamento do senador Sarney em nada diferia do comportamento de Duarte Coelho, o primeiro Capitão de Pernambuco.

A Capitania era propriedade pessoal do Capitão, e ele podia gastar legalmente dinheiro de impostos como se pertencesse a ele, descontado o que tinha de mandar para a Coroa Portuguesa. Muitos de nós não sabemos que, durante estes 25 anos desde que a Constituição foi aprovada em 1988, o legislativo nunca escreveu uma lei dizendo que os impostos (dinheiro público) não podem ser usados para uso pessoal.

Muitos de nós dizemos: "Temos boas leis, mas elas não são reforçadas". Infelizmente, no mais das vezes não temos nenhuma lei escrita para proibir crimes básicos. Deixamos, por exemplo, que as autoridades eleitas legislem em causa própria — é o que acontece quando elegemos uma raposa para tomar conta do galinheiro.

Como o senador Sarney não violou nenhuma lei ou regra, ele foi inocentado de qualquer acusação de conduta desonesta pela Comissão de Ética do Senado, depois que um grupo de pessoas protestou contra ele diante das câmeras. Durante o café da manhã, Fábia, minha mulher, expressou em voz alta seu pequeno protesto contra tal decisão:

— Como eles podem fazer isso?

— O que você queria que eles fizessem? — perguntei.

— Ele é culpado!

— Não, não é.

— Ok, não é culpado de um crime de verdade porque nunca se fez uma lei contra o roubo do nosso dinheiro. Mas o que vai impedir esse roubo de continuar acontecendo?

— Ei! As perguntas faço eu. Não tenho respostas.

— É por isso que eu voto nulo. Se alguém votar em branco, acho que esse voto vai para o vencedor, de modo que pareça que ele teve mais votos do que de fato teve. Contudo, se um eleitor digita qualquer número que não seja de algum candidato, tal como "999", é voto nulo, ninguém ganha aquele voto.

Mas, diferente de mim, Fábia não considera que votar no "999" possa realmente ajudar:

— Se as pessoas soubessem disso, tudo ficaria claro, para a imprensa e para os observadores de fora do Brasil, e não pareceria que um candidato teve a maioria dos votos, quando, na verdade, não teve.

— Desta maneira, você mostra que não temos fé em alguns candidatos — eu disse.

— Não há esperança para este país — ela concluiu.

Voltando ao problema da formação do governo pelas raposas: no Brasil pré-industrial, os coronéis eram donos de grandes latifúndios. No ano de 2013, o Brasil foi avaliado como a 6ª maior economia do mundo, mostrando que os impérios financeiros brasileiros tendem a auferir lucros com negócios em expansão. *De que maneira certas pessoas exercem controle sobre o governo iniciado em 1988?* Pensei que as respostas pudessem ser encontradas em Brasília.

E enquanto eu passeava entre os prédios do governo em Brasília, uma noite, um senhor idoso se aproximou e começamos a conversar, como se fôssemos velhos conhecidos. Ele falou sobre muitas das perguntas que eu tinha em mente:

— Quando as raposas se reuniram para escrever a nossa Constituição, elas tinham um problema. Como poderiam dar a aparência de uma democracia sem abrir mão do poder que mantêm há 500 anos no país?

Sem fazer uma pausa para pensar em quem seria aquele homem, e como podia ler a minha mente, perguntei:

— Seriam ignorantes a ponto de não saberem como planejar um regime democrático?

— Oh, não — ele disse. — Aqueles caras eram uns gênios. Você quer saber o que aconteceu, não quer?

— O que aconteceu? E onde foi?

— Aqui, nesta cidade, é claro, em 1988.

— Você sabe como foi? Isto é exatamente o que estou procurando saber.

— Eu estava no prédio quando tiveram a ideia, mas eles nunca me viram. Prefiro ficar nas sombras, sabe?

— E o que eles disseram?

— Havia apenas dois deles, ali, naquela hora. Sei quem eram, mas não vou dizer os nomes. Chamarei o mais jovem de "Número 1" e o mais velho de "Número 2".

— E o que aconteceu?

— O grupo se dispersou à noite, você sabe, os caras por trás do golpe militar, os coronéis, os chefões, os que sempre ditam as regras no Brasil. Só ficaram aqueles dois. O jovem, Número 1, se queixava da democracia que estava por vir. Disse: "Acho que eles vão querer uma verdadeira democracia desta vez. Não podemos deixar que chamem isso de democracia, a não ser que os cidadãos comuns tenham de votar". Número 2 respondeu: "Não queremos que apenas as pessoas instruídas possam votar. Vamos tornar o voto obrigatório para todos". Foi uma jogada corajosa, uma jogada esperta também — disse o homem sob a sombra.

— Não entendo — eu disse.

— Número 1 também não entendeu. Número 2 teve que explicar.

Número 2: "Existem duas maneiras de ter controle sobre quem será eleito. Podemos controlar a eleição subornando os eleitores e enchendo as caixas de votação, mas essas coisas são complicadas e custam caro. Então penso que seria melhor ter uma outra abordagem."

Número 1: "Qual?"

Número 2: "A maior parte das democracias tem dois, três, às vezes quatro partidos, certo? E eles cobrem toda a gama de tendências políticas, desde as tendências liberais, passando pelas conservadoras, até as socialistas. Com três partidos, alguém pode ganhar a maioria e levar o país na direção que quiser. Não queremos que isso aconteça. Isso colocaria o eleitor no volante do carro.

Número 1: "Às vezes ninguém obtém a maioria. Dois partidos terão que fazer uma coalisão, e assim o país termina com uma tendência centro-direita ou centro-esquerda."

Número 2: "Certo. Também não queremos isso. Filosofia política não importa para nós. Poder negociar do jeito que sempre negociamos — isso é o que nos interessa. Assim, acho que deveria haver pelo menos 20 partidos. Quanto mais, melhor. Soa muito democrático ter muitos pontos de vista representados, não é?

Número 1: "Como é possível que você tenha esperança de conseguir algum acordo com 20 partidos?"

Número 2: "Exatamente. Vamos fazer com que existam mais de 20. Digamos, uns 27."

Número 1: "Que ideia é essa? Você ficou maluco?"

Número 2: "Já me acusaram disso. Quanto mais partidos você tiver, mais maneiras você tem de formar uma coligação, de modo que, se um partido quer uma verdadeira democracia, ele se extingue e forma uma coligação com algum outro, com o qual ele não concorda em princípio. Quem se importa com princípios? Pense no governo como um negócio. Numa venda, só temos que concordar com um preço, não com um princípio. Com 26 licitantes a mais, temos mais chance de encontrar parceiros para nossa coalisão."

Número 1: "Por que um partido faria uma coligação com outro?"

Número 2: "Vou explicar, mas tenha cuidado se contar isso a alguém. O presidente deverá ser eleito pela maioria porque haverá uma eliminatória, pelo menos esta é a ideia. Ele tem que ir até a liderança de um outro partido e negociar. Diz o que quer e o outro cara diz o preço."

Número 1: "O presidente vai comprar apoio? Onde ele consegue o dinheiro?"

Número 2. "Sim, ele compra apoio, nada de errado com isso em um negócio. Mas ele não paga em dinheiro, o que seria muito evidente. Como líder de uma burocracia federal, o presidente tem muitos cargos para preencher. Os dois homens entram em acordo sobre o número de cargos que o outro partido pode preencher com seus membros."

Número 1: "Por que cargos federais têm que ser um prêmio tão grande? Eles precisam encontrar pessoas qualificadas, e o salário não pode ser alto."

Número 2: "O cargo federal a que me refiro não é desse tipo. Por que tantos cargos federais de verdade trocam de mãos a cada vez que um novo presidente é eleito? Não, quero dizer o tipo de *cargo* que paga um grande salário, garante uma conta bancária alta, mas não exige nenhuma competência nem nenhuma responsabilidade. O deputado que distribui esse tipo de cargo para parentes e apoiadores fica rico e é reeleito. É assim que motivamos o negócio de fazer coligações!"

Durante o último mandato de Lula, o atual vice-presidente Michel Temer atuava como Presidente da Câmara, e relatou exatamente como o sistema funciona, sem pedir desculpa alguma.[2] Quando perguntado sobre o problema dos cargos controlados pelo partido dele (PMDB), Temer contou que, quando Lula foi reeleito, quis fazer uma aliança com o PMDB, com o presidente do partido. Os dois fizeram um acordo de sete pontos, e esta foi a base da coalisão que conduziu ao preenchimento dos cargos.

Como chefe-executivo, Lula tinha milhares de cargos para incentivar a cooperação. Temer falou como se isso fosse um modo perfeitamente aceitável de governar. Revelou a negociata como se estivesse, simplesmente, cumprindo seu papel como líder do partido. Não criticou o sistema em momento algum.

Segundo Bruno Speck,[3] são duas as fontes importantes de corrupção no Brasil. Primeiro, cada governo novo tem ao menos 25.000 cargos de serviço público para preencher.[4] Esse número parece grande, mas a estimativa é baixa.

---

2 *Veja*, 22 abril de 2009.
3 SPECK, Bruno Wilhelm. Uma bibliografia introdutória ao tema da corrupção. In: http://www.transparencia.org.br/index.html.
4 ANDRIOLI, Antônio Inácio. Causas estruturais da corrupção no Brasil. In: *Revista Espaço Acadêmico*, nº 74, setembro de 2006. Consultada em http://www.espacoacademico.com.br/064/64andrioli.htm.

Três anos depois desse relatório, Abramo citou uma cifra de 30.000 cargos.[5]

O problema é que o partido da coalisão poderia preencher esses cargos com amigos, um parente, um colega de partido ou com qualquer candidato mal qualificado que ele quisesse. Às vezes, eles nem gastam tempo para contratar pessoas de verdade. De acordo com a *Veja*, o Primeiro Secretário do Senado Efraim Morais, por exemplo, empregou 52 "funcionários-fantasmas". Durante os últimos quatro anos de seu mandato, milhões de reais desapareceram através de contratos fraudulentos. Apenas em salários, os empregados não existentes esvaziaram os cofres públicos em 3.85 milhões nesse período. Quando indagado sobre isso, ele disse: "Não fiz nada de errado".[6]

Aparentemente ele não fez mesmo nada ilegal, mas não terá feito nada errado? De acordo com Abramo, "o patrimonialismo se baseia na corrupção (...). A captura do Estado por interesses partidários é definida como corrupção. É tudo corrupção lascada (...). Corrupção não é só aquilo que é ilegal".[7] Para Abramo, "a cor-

5 ABRAMO, Claudio Weber. Blog/ 2009. In: http://colunistas. ig.com.br/claudioabramo/?doing_wp_cron.
6 CABRAL, Otávio; OLTRAMARI, Alexandre. O Senador e Seus Fantasmas. In: *Veja*, edição 2113, ano 42, nº 20, 20/5/2009, pp. 64-65.
7 MAGALHÃES, Luiz Antonio. Parlamento: É publico, é privado. In: *Valor*, ano 9, nº 444, 19/04/2009, p. 10.

rupção é um fenômeno que tem causas muito definidas. A principal delas é o excesso de nomeação de pessoas para cargos de confiança".[8]

Empregar amigos e parentes em vez de pessoas com treino ou experiência é considerado nepotismo. Um advogado me chamou a atenção para o fato de que "em relação ao nepotismo, a Constituição (Art. 37) *sugere* sua proibição quando ordena que todo o sistema de governo 'obedeça os princípios de legalidade, imparcialidade, moralidade, transparência e eficiência'".

O Supremo Tribunal também se posiciona contra a nomeação de uma esposa, companheira, de um parente de terceiro grau e assim por diante para cargos de confiança:

> A nomeação de cônjuge, companheiro ou parente em linha reta, colateral ou por afinidade, até o terceiro grau, inclusive, da autoridade nomeante ou de servidor da mesma pessoa jurídica investida em cargo de direção, chefia ou assessoramento, para o exercício de cargo em comissão ou de confiança ou, ainda, de função gratificada na administração pública direta e indireta em qualquer dos poderes da união, dos estados,

---

8 FREITAS, Marcelo. A doença tem cura. In: *Pensar Brasil,* 10 de outubro de 2009, p. 3.

do distrito federal e dos municípios, compreendido o ajuste mediante designações recíprocas, viola a constituição federal.[9]

Assim, embora nem a lei nem a Constituição proíbam o nepotismo explicitamente, os tribunais o consideram ilegal. Contudo, como o advogado me disse, "na realidade, enquanto o Brasil funciona, o nepotismo reina soberano na terra", inclusive dentro do próprio Judiciário, de modo muito evidente.

A enxurrada de dinheiro dos impostos para dentro dos bolsos particulares não termina com o nepotismo. Um jurista me contou o seguinte, em 2009: "Legisladores federais recebem de 156.000 a 208.000 reais por ano. O povo fica aborrecido com os salários dos legisladores federais, mas o salário não é o problema. O problema é que, em cima desses salários, eles ganham R$1.950.000 por ano para manter a equipe de trabalho, o escritório e outras despesas. Ninguém tem controle sobre como eles usam o dinheiro".[10]

Quer um exemplo de verbas gordas para

---

9 SÚMULA VINCULANTE n° 13. STF, 21/08/2008. http://www.stf.jus.br/portal/jurisprudencia/listarJurisprudencia.asp?s1=13.NUME.%20E%20S.FLSV.&base=baseSumulasVinculantes.

10 Um deputado federal deu um depoimento ligeiramente diferente. Ele disse que seu orçamento não chegava a R$1.300.000 na moeda atual.

pagar despesas? Quando houve um protesto público porque deputados estavam usando o dinheiro de verbas para pagar passagens aéreas para amigos e namoradas viajarem de férias para Miami, Temer fez com que alguns pagassem o dinheiro de volta aos cofres públicos, mas ninguém foi processado. De acordo com o vice-presidente Temer, esse tipo de "corrupção" é perfeitamente legal. A Câmara estabelece as próprias regras, e ele não considerou ilegal dar dinheiro de impostos para os legisladores usarem em gastos pessoais.

O jurista explicou: "Por exemplo, o deputado federal Edmar Moreira usou verba para construir uma casa do tamanho e no formato de um castelo, e ainda sobrou para investir na própria empresa. Embora esse uso do dinheiro público fosse visível para todos, não se encontrou nada ilegal que ele pudesse ter sido feito".

Será que uma raposa faria uma lei proibindo que se comessem galinhas? Não. De modo que Edmar não violou lei alguma.

O jurista continuou: "E isso apenas em Brasília, sede da Câmara, do Senado, dos Ministérios e da Presidência da República. Esse mesmo tipo de coisa acontece no nível estadual e com os governadores. Em cada cidade há uma câmara municipal e vereadores. Você poderia pensar que esses níveis de representação se somam em uma democracia, mas não é isso o que acontece. As pessoas não procuram esses empregos para representar o povo e obter o que ele precisa. Elas procuram esses cargos para se beneficiarem pessoalmente. Os cargos fornecem meios para conseguir dinheiro público através de favores, e o governo inteiro está envolvido nesse tipo de tráfico de influência. Um cargo no governo é uma mina de ouro de favores.

"Eis uma corrente de favores: se um vereador precisa de alguma coisa, ele entra em contato com um deputado estadual, que entra em contato com um deputado federal, que entra em contato com um ministro (que não é um especialista, mas está ali como resultado das promessas feitas nas campanhas). Para conceder um favor, cada nível cobra dinheiro ou outro favor em troca."

Segundo Otávio Cabral, esta corrente de favores, como é agora, vai continuar a existir no futuro. Nossos políticos eleitos pensam que o jeito mais eficiente e seguro de se governar é através da troca de votos por cargos, trocando dinheiro por apoio, empregando parentes e amigos, e tudo isso com o nosso dinheiro.[11]

Quando as raposas tomam conta do galinheiro, as galinhas que estão dormindo profundamente podem nunca mais acordar. Mas as galinhas podem pelo menos gritar quando

---

11 CABRAL, Otávio; ESCOSTEGUY, Diego. A rendição do último coronel. In: *Veja*, edição 2124, ano 42, nº 31, 05/08/2009, p. 64.

as raposas começam a jantar; o fazendeiro pode ouvir o barulho e correr com uma lanterna para salvá-las — ele é o dono da fazenda, mas quem é o dono por direito da nossa fazenda? Acho que isso depende de como você define "o que é o Brasil".

Se o Brasil fosse uma propriedade, os brasileiros ricos possuiriam uma parte da riqueza nacional maior do que todos os demais países, exceto 12 entre 153 avaliados em 2009, o que significa que o Brasil tem uma das maiores disparidades entre a fortuna dos ricos e a classe pobre. Se você definir o Brasil por sua riqueza, agora existem mais do que 13 capitanias, mas o padrão continua o mesmo: um grupo relativamente pequeno governa o país e faz uso dele para enriquecimento pessoal. Contudo, se você pensa no Brasil como uma nação democrática, todos nós, cidadãos brasileiros, somos donos dela.

Suspeito que as raposas ainda se consideram donas do Brasil. Não sou o único que pensa o seguinte: *Parlamento é publico, é privado*.[12] E somos descritos com estas palavras: "(...) é o tal 'homem cordial' brasileiro, que na vida pública não era capaz de distinguir o interesse privado do interesse coletivo". O mesmo artigo atribui ao sociólogo Francisco de Oliveira a seguinte

---

12 MAGALHÃES, Luiz Antonio. Parlamento: É publico, é privado. *Op. Cit.*

afirmação:

> Tampouco é ilegal pagar hora extra em janeiro ou utilizar a verba para passagens de avião da maneira que [fazem] Roseana, Jereissati e Maia (...). Assim, a questão que emerge desses atos supostamente legais, mas nitidamente imorais, diz respeito às fronteiras entre corrupção e a tal herança patrimonialista, praga que insiste em permanecer presente na sociedade brasileira.[13]

Para as orelhas pontudas da raposa, este artigo que estou citando é como se fosse o barulho das galinhas gritando. Aqui vai mais um pouco de barulho: "Em outras palavras: o exercício de direitos fundamentais não pode ser abusivo a ponto de acobertar práticas ilícitas/criminosas, cometidas em detrimento de outros direitos fundamentais ou de valores constitucionais relevantes (...). Por ora, é só. E abaixo a cleptocracia!"[14]

Enquanto isso, a conversa em Brasília continuava:

Número 1: "Ok, você tem enormes ver-

---

13 Idem.
14 ARAÚJO, Marcelo C. *Só é preso quem quer*. Rio de Janeiro: Brasport, 2010, p. 56.

bas públicas e muitos 'cargos' federais para conceder."

Número 2: "Isso é apenas a ponta do *iceberg*, rapaz. Pense em todos os cargos públicos que um país em desenvolvimento precisa".

Número 1: "Tais como...?"

Número 2: "Construir estradas, sei lá, esse tipo de coisa que os governos fazem."

Número 1: "E o que ganham os parceiros das coligações com a construção de estradas?"

Número 2: "Dinheiro e poder, é claro. Os eleitores gostam de estradas novas e boas e votam no cara que mandou construir uma para eles. A empresa que construiu a estrada faz uma fortuna com esses acordos, e todos os que apoiam a construção da estrada ganham uma parte.

Em 9 de agosto de 2009, o jornal *Estado de Minas* relatou como o suborno resulta em obras públicas de péssima qualidade e feitas com preços inflacionados. Cada um dos 513 deputados e 78 senadores tem o direito de propor emendas ao orçamento federal. Durante o orçamento anual daquele ano, cada um teve o direito de sugerir R$10 milhões para serem gastos, sendo que a soma total chegaria perto de R$6 bilhões. Na maioria dos casos o legislador enviou o dinheiro aos seus colegas de partido, para a construção de postos de saúde, estradas, escolas, creches e promoção de festivais. Mas ninguém que pagou imposto recebeu obras que valessem R$6 bilhões. Em decorrência de licitações fraudulentas, muitas vezes para contratos falsos, dinheiro de impostos é gasto para pagar preços inflacionados, frequentemente por materiais de má qualidade.

Em alguns casos, são os próprios legisladores que recebem propinas das prefeituras. Em outros, os empregados do governo participam da fraude, deixando de declarar o dinheiro ou fechando os contratos sem que estes cumpram as exigências mínimas. Com uma porção do dinheiro indo para os bolsos dos participantes do esquema, não há fundos suficientes para terminar o trabalho, a menos que seja feito com materiais de qualidade inferior.

Por que um legislador faria parte de uma ação assim tão fraudulenta? Porque, em geral, os empreiteiros que participam da fraude pagam o legislador, dando-lhe apoio na campanha pelas eleições seguintes.

Ainda em 2009, o ousado jornal *Estado de Minas* (edição de 10 de agosto) encontrou alguém que calculou o quanto esses subornos custam para nós, as galinhas: segundo a estimativa de Paulo Ziulkoski, presidente da Confederação Nacional das Cidades, as fraudes comem 20% dos contratos municipais — o *quinto*, ou o "quinto dos infernos" de Tiradentes. Marcelo Araújo sugere um valor ainda mais alto para esses roubos: "(...) a cada mil reais tributados, apenas cem chegam aos cofres públicos e, desses cem, apenas um real se transforma efetivamente em investimento social".[15]

O contribuinte de classe média que paga impostos certamente discordaria desse uso do seu dinheiro. Mas não é apenas o dinheiro de impostos diretos que se perde nesses subornos. Taxas pagas pela manufatura e comércio de mercadorias também vão para o tesouro nacional, e esses impostos são pagos por todos. Se você não é uma das raposas, é certamente uma das galinhas. E está sendo depenado.

Mais corrupto do que a África do Sul e a Bósnia, mas menos do que a Romênia, o Brasil era, em 2012, somente o 69º país menos corrupto. Somos a 6ª maior economia, mas apenas o número 69 em honestidade governamental reconhecida, e suspeito que subestimamos a desonestidade do nosso governo. Quantos de nós realmente acreditam que o governo não é corrupto ou defeituoso, ou, é claro, que, em vez disso, funciona tal como foi planejado, isto é, como uma cleptocracia?[16]

Do ponto de vista dos ditadores militares, que permitiram a convenção para criar a Constituição, e também dos homens e mulheres que

---

15 Idem, pp. 70-71.
16 Idem, p. 54.

a aprovaram da maneira como ela vigora atualmente, como pode a ideia original ser consi-
derada corrupta? A cleptocracia planejada por
eles funciona tal como foi planejada. Eles não
diriam que é defeituosa.

Capítulo 2
O Brasil não é uma democracia

"**D**emocracia" significa "governo pelo povo". Quando escolhem os líderes que desejam, as pessoas têm as políticas que querem ter. No Brasil nós votamos, mas não temos as políticas que queremos. Por exemplo, 80% dos eleitores querem um fim para a corrupção no governo, mas ela não acaba. Então, é claro que o Brasil não é uma democracia.

Há aqueles que acusam os eleitores pelos problemas do Brasil. Este é um modo de acusar a vítima. Por exemplo, se um fazendeiro entrar no galinheiro um dia de manhã, encontrar penas por todo o lado e ver que Henriqueta desapareceu, pensaria que ela foi devorada pela raposa vestida de guarda ou acharia que ela fez uma birra e fugiu? Ele poderia perguntar a Raposo, o guarda-noturno, e certamente Raposo não teria nenhuma lembrança de ter devorado Henriqueta. Sim, ele poderia concordar com o fazendeiro quando este declarasse que o problema das galinhas é que elas fogem histericamente à noite.

A diferença que existe entre a raposa e as galinhas nos deixa confusos. A introdução de um livro intitulado *Corrupção* questiona se "(...) o Brasil seria inevitável e definitivamente corrupto devido a certos valores e práticas que, presentes desde a origem, tornaram-se parte de seu caráter e de seu jeito de ser".[17] Será que nós, brasileiros, somos destinados à corrupção como resultado de valores inerentes à nossa cultura. Será assim tão simples? O problema é que continuamos elegendo brasileiros que são intrinsecamente desonestos? E se elegêssemos nossas próprias mães?

Minha mãe, para começar, provavelmente não se candidataria; mas, se ela se candidatasse, os eleitores se juntariam em torno dela, atraídos por sua honestidade. Será que ela venceria a eleição? Quantos de nós desconfiam de que, mesmo que ela obtivesse o maior número de votos dentre os candidatos, poderia não conseguir o cargo? Isso te surpreendeu? Em que outra democracia isso poderia acontecer? Como isso acontece aqui? Pois essa situação foi planejada quando aquelas duas raposas velhas discutiam a estrutura do novo governo em 1988.

---

17 STARLING, Heloisa Maria Murgel; AVRITZER, Leonardo; GUIMARAES, Juarez; BIGNOTTO, Newton (Orgs.). *Corrupção - Ensaios e Críticas.* Belo Horizonte: Editora UFMG, 2008, p. 14.

Número 1: "Ok, mas e se o partido indicar alguém que se deixe levar e comece a pregar o reforço da lei, o desejo do povo, você sabe, essas coisas democráticas?"

Número 2 riu, mas não pareceu preocupado: "Não podemos permitir que ele vença."

Número 1: "O que é tão engraçado?"

Número 2: "Vou te contar como deveríamos nomear os candidatos, mas a verdade é que não importa se esse candidato concorre ou não. Você confia na sua mãe, certo?"

Número 1: "Sim, claro. Confio na minha mãe."

Número 2: "Se ela fosse eleita para a Câmara, será que ela deixaria a ética de lado e faria uma coligação para ficar rica?"

Número 1: "A minha mãe? Não! Nunca!"

Número 2: "Se ela aparecesse para trabalhar, ela poderia mudar Brasília? Pois vamos fazer um sistema que protege a si mesmo contra tipos idealistas como a sua mãe. Se ela não concordar em trocar votos por dinheiro e não quiser apoiar a coligação que está no comando, porque defende uma plataforma anticorrupção, ninguém na Câmara vai prestar atenção nela. Mas, como eu disse, é pouco provável que alguém honesto como a sua mãe quisesse ser indicado ou eleito."

Número 1: "Por que não? Pessoas como ela são sempre eleitas nos outros países. Ela seria amada por seus eleitores. Ela venceria."

Número 2: "Pensei num jeito de fazer com que ela fosse derrotada mesmo se tiver a maioria dos votos."

Número 1: "Isso é doido."

Número 2: "Preste atenção. Fazemos com que o partido seja a peça-chave. Veja bem, tudo tem a ver com o que o partido defende. São os ideais, não as personalidades! Não queremos demagogos desencaminhando os eleitores, certo?"

Número 1: "O que você quer dizer com ideais? Não temos nenhum ideal. O que o nosso partido defende?"

Número 2: "Aquele mesmo papo de vendedor: ordem e progresso, justiça, igualdade."

Número 1: "Ok, mas como vamos manipular a eleição de modo que o cara que tiver o maior número de votos não vença?"

Número 2: "Primeiro, os votos não irão para o candidato. Isso é democrático demais, e muito perigoso. Vamos distribuir vagas na Câmara pelo número de votos que um *partido* tiver. Os partidos terão uma lista de candidatos, e o número deles que irá para a legislatura, a partir da nossa lista, dependerá de quantos votos tivermos nacionalmente. Veja bem, os chefões dos partidos não vão cair de amores por sua mãe, tão honesta. Eles vão colocá-la lá no fundo da lista, e, como colocaremos nosso camarada perto do topo da lista... Bingo! Nosso favorito ganhará a vaga mesmo se tiver perdido a eleição. Se conseguirmos manter os caras honestos fora da legislatura, ninguém vai nos investigar. Fazemos as regras contra a divulgação dos registros e atas das nossas reuniões, de modo a proteger a integridade do processo. Todo mundo colabora e fica de bico calado."

Número 1: "Inacreditável!"

Você não pode deixar de admirar a habilidade com que inventaram um sistema que permite o voto, embora não seja democrático. Em uma democracia, as pessoas escolhem seus representantes pelo voto, mas os planejadores da nossa Constituição fizeram o possível para subverter esse processo.

Para descobrir como isso de fato funciona, fui pedir explicações às pessoas que deveriam saber, e algumas vezes elas se contradiziam.[18] Em relação à eleição de deputados federais (mas não de senadores), a maior parte dos especialistas concorda nos seguintes pontos:

1. Os partidos nomeiam uma lista de candidatos.

---

18 NICOLAU, Jairo. O sistema eleitoral de lista aberta no Brasil. *Revista de Ciências Sociais*, V. 49, nº 4. Rio de Janeiro, 2006, pp. 689-720.

2. Os candidatos não concorrem de verdade uns com os outros. A competição é entre os partidos.

3. Se um eleitor vota em um candidato, seja ou não pelo nome, tanto o partido quanto o candidato ganham o voto.

4. Cada partido ganha lugares na Câmara de acordo com a proporção de votos acumulados na eleição, nacionalmente. Por exemplo, se a combinação de votos de um partido e dos votos de um candidato chegar a ¼ da soma dos votos, o partido ganha ¼ dos lugares (diferente da Câmara, o Senado elege seus membros pela maioria dos votos em cada estado).

5. O partido distribui os lugares para seus candidatos de acordo com a ordem em que eles estão colocados na lista dos candidatos do partido.

6. Uma consequência disso é que os deputados brasileiros não representam exatamente uma região.[19]

No sistema brasileiro de "lista aberta", os votos não vão para o candidato, mas sim para o partido, e se o partido quiser um pilantra na

---

19 ROHTER, Larry. *Deu no New York Times*. Rio de Janeiro: Objetiva, 2007, p. 151.

Câmara, irá colocá-lo no topo da lista. Assim, ele terá uma grande chance de obter o cargo. Desse modo, um mau candidato deverá vencer mesmo se algum candidato melhor concorrer com ele e for mais votado. Um político corrupto ainda pode ser escolhido para a Câmara mesmo se tiver menos votos do que um outro candidato da mesma cidade: ele pode ganhar um lugar se o *partido* ganhar vagas suficientes e se ele estiver alto o bastante na lista de seu partido. Um deputado federal, respeitosamente, declarou: "Temos que seguir o quociente eleitoral". Inteligente, não? Ele perde a eleição, mas mantém o cargo.

A raposa mais velha prosseguiu na lição:

Número 2: "Mas é mais seguro se esses demagogos nunca forem nomeados, em primeiro lugar. Então, para começar, queremos que o governo apoie os partidos, mas nenhum dinheiro vai para as campanhas."

Número 1: "Por que não?"

Número 2: "Falando de modo geral, você diria que o idealista tende a ser rico?"

Número 1: "Não, a menos que ele tenha herdado dinheiro."

Número 2: "Então, se o partido não pagar pela campanha, quem paga?"

Número 1: "Ah! O candidato, de modo que os caras ricos tenham uma chance maior de serem indicados porque terão uma probabilidade maior de se elegerem."

Como ele consegue um lugar na lista do partido? Primeiro, há uma teoria: Um deputado federal me contou que os partidos fazem eleições internas para formar a lista de candidatos. Segundo David Samuels, "em 7 dos 8 maiores partidos do Brasil (...) o estatuto do partido descreve vagamente algo no sentido de que 'as convenções no nível estadual devem escolher os candidatos a deputado federal (...)'. Para as eleições legislativas, os estatutos de todos os 27 partidos do Brasil sustentam um sistema de nomeação descentralizada, (...) e a política no nível estadual domina as convenções do partido nas quais as listas são geradas. Contudo, (...) os *líderes* dos partidos [não] controlam o processo de nomeação. Em vez disso, candidatos individuais têm espaço para decidir se vão concorrer ou não (...)".[20]

Em teoria, então, os candidatos são escolhidos por uma convenção. Na prática, o dinheiro tem muito a ver com quem concorre ao cargo. De acordo com um deputado, o dinheiro tem um papel importante na formação da lista dos indicados, e um candidato rico tem uma

---

20 SAMUELS, D. Money, Elections and Democracy in Brazil. In: *Latin American Politics and Society*, nº 43. University of Minesotta, 2001, pp. 27-48.

chance maior de ser indicado. "Em vez disso, e em grande contraste com a maior parte dos outros países do mundo e da América do Sul, candidatos individuais são inteiramente responsáveis por conseguir e gastar dinheiro para suas campanhas. Não existem limites efetivos para as contribuições de campanha eleitoral no Brasil, e as campanhas são bastante caras (...)". Assim, de acordo com Samuels, "quanto mais um candidato arrecada e gasta, maior a chance de ele ou ela vencer as eleições".[21]

O financiamento público de eleições parece uma solução óbvia, mas sua eficácia não foi comprovada. De acordo com André Marinho, mesmo sendo tão irregular a relação entre nossos políticos e os que contribuem para as campanhas, em outros países nem o financiamento público nem os esforços para limitar doações diminuíram a corrupção. Ele observou, no entanto, que "na medida em que o desenvolvimento econômico costuma vir acompanhado por urbanização, menor vulnerabilidade social, bem-estar, escolarização e acesso à informação, isto pode constituir uma condição necessária para o êxito no combate à corrupção endêmica".[22]

---

21 SAMUELS, David. Does Money Matter? Campaign Finance in Newly Democratic Countries: Theory and Evidence from Brazil. In: *Comparative Politics* nº 34. University of Minesotta, 2001, pp 23-42.
22 MARINHO, André. Enxugando gelo. In: *Pensar Brasil,*

A incapacidade de eleger homens e mulheres honrados gera corrupção e interfere no nosso desenvolvimento econômico e social, mas as pessoas raramente têm êxito em reduzir a corrupção (e reformar o processo eleitoral), a menos que tenham alcançado algum progresso social e econômico. Parece um beco sem saída, algo do tipo "se correr o bicho pega, se ficar o bicho come".

Atualmente, a opinião convencional diz que, a menos que os financiamentos mudem, o Brasil provavelmente vai continuar com o velho padrão de usar o dinheiro público para manter uma estrutura política oligárquica e parasitária.[23] Talvez o financiamento de campanhas seja uma das coisas que terão de mudar se o Brasil conseguir mudar para melhor; mas, por si mesmo, que bem poderia fazer?

Então, não é mesmo muito provável que a sua mãe seja indicada como uma candidata, muito menos eleita. Em outras palavras, em 1988, a Assembleia Constituinte das Raposas permitiu que os fazedores de leis criassem um sistema de suborno institucionalizado, e o cidadão que paga impostos é que paga a conta. Se todos no legislativo estão recebendo esses paga-

10/10/2009, p. 15.
23 OLIVEIRA FILHO, Mario de. *Brasil: o entulho oculto dos privilégios oligárquicos*. São Paulo: Alfa-Omega, 2006, p. 123.

mentos para entrar em uma coligação, ninguém pode mais se queixar de ninguém. Será que isso teria acontecido se as raposas não quisessem?

Alguns, como já disse, culpam as vítimas. Já ouvi dizer que os brasileiros não pensam no futuro e não fazem planos, que nós aceitamos sermos comandados por senhores, que somos passivos e aceitamos o que nos é dado. Estamos ocupados trabalhando, cumprindo nossas responsabilidades profissionais e familiares, pensávamos que o governo estivesse agindo como em uma democracia.

Os melhores exemplos podem ser vistos nas ruas do Belo Horizonte, onde moro, e onde a polícia de trânsito não tem uma presença efetiva nas ruas. Dirigindo através da cidade, posso sempre observar alguns motoristas egoístas que ignoram completamente a lei, tal como fazem as raposas. É comum um caminhão descer uma ladeira desengrenado, sofrer uma pane nos freios e matar e mutilar feito uma raposa, sem a menor consideração pelas pessoas, como se a rua fosse só dele, não fosse também dos outros motoristas.

Não obstante, a maioria dos motoristas continua a dirigir, respeitando as regras de modo civilizado, para trabalhar e cumprir suas responsabilidades. O trânsito não melhora. Nada é feito sobre isso. Será por causa de um defeito de caráter nacional? Somos passivos por natureza ou simplesmente sem poder nessa situação? No início do filme "Tropa de Elite", o psicólogo Stanley Milgram é citado por ter dito, em 1974, que, em geral, não é o caráter de uma pessoa que determina como ela vai agir, mas a situação em que ela se encontra.

O tráfego urbano é responsabilidade do governo. Não ajudaria se eu saltasse para fora do meu carro e começasse a dirigir o trânsito. Ninguém prestaria atenção a um homem doido agitando os braços no meio da rua.

Enquanto um número cada vez maior de brasileiros simplesmente invade as nossas casas, mata nossas filhas e rouba tudo que quiser, a maior parte de nós continua tentando proceder como gente civilizada, com moral e auto-contenção. No mínimo, temos dificuldade de acreditar que o nosso governo seja tão profundamente defeituoso. Muitos filhos da ditadura poderiam culpar os ditadores por seu sofrimento, e agora nos sentimos gratos por termos liberdade. Temos esperança de que os políticos amadureçam e comecem a promover lei e justiça. Não, *passivos* não é o termo correto. *Presos numa armadilha* e *sem poder* seria mais preciso.

Voltemos ao galinheiro. Em seu ninho, a galinha olha para cima. A luz da lua brilha através da janela onde, num canto, está sentada a figura de um vigia. Ela não acredita no que vê.

— Aquele vigia se parece com uma raposa

— ela sussurra para a colega sonolenta ao seu lado.

— Não, não pode ser — diz a colega, acalmando-a. — Raposas não têm permissão para vigiar o galinheiro. Não se pode confiar nelas. Elas nos devorariam.

— A propósito, você viu a Fernanda por aí? — pergunta a primeira galinha.

— Não vi. Ela deve estar de férias.

Numa outra direção, nossa Constituição torna difícil que nos livremos de um político corrupto. Existem países onde, se os cidadãos descobrirem que elegeram um mentiroso ou criminoso, eles podem convocar uma eleição extraordinária e fazer um "*recall*" para tirá-lo do cargo. Na nossa Assembleia Constituinte, em 1988, Domingos Leonelli propôs eleições no caso de "*recall*", mas apenas para governadores, deputados estaduais e prefeitos, não para o Congresso Nacional. Os deputados debateram sobre esse tipo de eleição e decidiram não aprová-la, num total de seis votos contra e um a favor. Foi uma decisão esperta. Eleições para "*recall*" tornariam difícil manter uma "cleptocracia".

Naturalmente, as raposas não pensam que estão roubando o nosso dinheiro. Elas acham que o dinheiro é delas. Se não podemos eleger quem nós queremos e não podemos nos livrar daqueles que estão roubando o dinheiro que pagamos através de impostos, somos como servos, escravos, somos galinhas presas no galinheiro.

Lembra-se de que quando o senador José Sarney, ex-presidente do Brasil e depois presidente do Senado, foi acusado de práticas corruptas mas não foi punido? Brasileiros indignados se queixaram de que ele estava recebendo um tratamento especial: "Ele não está sendo punido como se fosse qualquer um!" O presidente Lula se arvorou em defensor de Sarney. E explicou que o Senador não poderia ser tratado como qualquer um porque ele não era como qualquer um — tivemos o número azarado de 13 Capitães, depois um regimento de Coronéis e, agora, temos um bando de raposas.

Tenho a impressão de que se as galinhas tivessem permissão para eleger os vigias, Volpone, a raposa carnívora, ganharia a eleição caso se candidatasse disfarçada de bovino. Assim que suas verdadeiras inclinações fossem descobertas, seu mandato não seria imediatamente revogado, nem as galinhas poderiam encontrar um bovino de verdade para se candidatar ao cargo de vigia na eleição seguinte. E por quê? Porque os partidos tendem a ser controlados por raposas; além do mais, os chefes dos partidos (ou seja lá quem faz as listas) gostam mais de Volpone. Se as galinhas se queixassem ao fazendeiro, se quisessem formar seu próprio partido, ele lhes diria o seguinte: "Já temos 27 partidos. É mais do que suficiente".

Esse sistema parece desnecessariamente complicado? Ele faz com que o cidadão comum se sinta desencorajado a tentar mudá-lo? E você acha que isso é um mero acaso?

Não penso que o sistema vai se reformular por si mesmo. É claro que a Constituição poderia ser alterada, se 2/3 dos votos da Câmara e do Senado apoiassem a emenda. Se a reforma tivesse o mesmo número de adeptos no legislativo, nenhuma emenda seria necessária.

O governo federal pode não ter nenhuma lei contra a compra de votos com dinheiro público, mas os estados e os municípios poderiam conceber tais leis, fazendo com que o Deputado Raposa ficasse em dificuldades. Pois os pais da nação também pensaram numa solução para esse problema:

Número 1: "Mas devemos ter regras. Além disso, não podemos deixar que eles nos ferrem."

Número 2: "Entendo o seu ponto de vista, sim, precisamos ter algumas regras. Mas vamos lidar apenas internamente com aqueles que as violarem. Desse modo, vamos fazer de conta que os estamos repreendendo publicamente."

Número 1: "Com todo o respeito, isso não é bom o bastante. Um dia existirão leis contra o que fazemos, quero dizer, deveremos ter leis contra a roubalheira e, estritamente falando, roubamos muito dinheiro público."

Número 2: "Ok, incluiremos alguma coisa na Constituição proibindo que se processe um membro do governo."

Número 1: "Com base em quê?"

Número 2: "Hummm... Deixe-me pensar um pouco. Que tal dizermos que tais acusações podem ser politicamente motivadas? E ademais... Ei! Essa é boa! Podemos dizer que não é democrático exonerar uma pessoa que foi escolhida democraticamente, baseado apenas em acusações sem fundamento.

Número 1: "Que enganação! Mas eu gosto. O que impediria o Supremo Tribunal de derrubar esse seu artigo?"

Número 2: "Maldição! Boa pergunta."

Número 1: "Será que seria suficiente indicar os membros do Supremo? Podemos nomeá-los. Devemos ter certeza de que eles não vão querer contrariar o sistema. Vamos nomear os caras que terão um verdadeiro interesse em manter a cláusula da imunidade."

Um dia, no café da manhã, tentei compartilhar com a Fábia minha nova visão sobre o Brasil.

— O Brasil não é corrupto — falei.

— O quê?! Como assim?

— Lembra do cientista político que perguntou se "um estado poderia ser considerado corrupto se nele a desonestidade fosse a norma"? Ao estabelecer a imunidade para funcionários do governo, a Constituição garante a criminalidade, cria uma classe protegida, tornando-a oligárquica na essência, de modo que não haja nada honesto e democrático para corromper, entendeu?

Tínhamos assistido recentemente ao filme "Homens de Preto", no qual uma enorme barata alienígena com olhos amarelados mata um fazendeiro e se esconde sob a sua pele. Como a barata era muito maior do que a pele do homem, ela se movia de modo desajeitado, balançando quando caminhava e fazendo caretas exageradas. Também parecia que a pele roubada estava começando a apodrecer. Lembrei a Fábia aquela barata e falei:

— O governo veste uma pele de democracia, assim como a barata vestia uma pele humana. A Constituição protege e resguarda a oligarquia no governo. A única diferença é que a oligarquia não é um alienígena, como aquele inseto. Ela é nativa do Brasil, veio para cá nos primeiros navios de madeira.

Fábia pareceu desanimada. E disse:

— Os políticos são eleitos. Assim fica difícil reconhecer que o sistema atual não é democrático nem afetado pelas eleições.

E em seguida ela repetiu um lamento:

— Uma ditadura de ladrões.

CAPÍTULO 3
NOSSOS TRIBUNAIS

Preciso ter a honestidade intelectual de dizer
que há um grande déficit de Justiça entre nós.
Nem todos os brasileiros são tratados com igual
consideração quando buscam o serviço público
de Justiça. O que se vê, aqui e acolá, não
sempre é claro, mas às vezes sim, é o tratamento
privilegiado, preferência desprovida de qualquer
fundamentação racional.
Discurso de posse do Ministro Joaquim
Barbosa no STF[24]

**Parte I: O sistema judiciário do Brasil
protege o réu.**

No fundo da sala escura, onde os dois
conspiradores estavam sentados, o assunto mu-

---

24 *Folha de São Paulo*, edição de 22/11/2012. Fonte: http://www1.
folha.uol.com.br/poder/1189724-veja-a-integra-do-discurso-de-bar-
bosa-na-sua-posse-na-presidencia-do-stf.shtml

dou para o sistema judiciário. Foi quase como uma sequência. Não haviam planejado fazer leis contra roubo, de modo que os tribunais eram irrelevantes para eles. Se cometessem algum outro crime, ganhariam imunidade contra as acusações, exceto as que viessem de seus colegas, as outras raposas.

Todo mundo sabe que basta ter dinheiro para alguém ficar livre da prisão no Brasil. Mas você sabe por quê?

Número 1: "E quanto ao nosso sistema judiciário? Será igual ao das outras democracias?"

Número 2: "Sim, precisamos de tribunais, mas acho que deveríamos ter uma política de perdão. Veja bem, não somos como alguns povos que acham que as pessoas más precisam ser punidas. Não, acreditamos que as pessoas têm momentos de fraqueza. Então elas se arrependem, e não farão isso de novo. As pessoas precisam de educação e perdão, não de punição, como aconteceu na Inquisição ou com aqueles brutamontes, os americanos e os russos. As prisões deles são cheias de gente. Nós seremos mais civilizados."

Número 1: "Como você espera conseguir vender essa ideia para os advogados e para a polícia?"

Número 2: "Você faz perguntas demais.

Deixe-me pensar. Suponha, apenas suponha, que meu sobrinho é pego subornando um funcionário do governo para ganhar uma concorrência para a construção de uma ponte a ser feita em meu nome, no meu estado natal."

Número 1: "Opa! É difícil de imaginar, mas tentarei."

Número 2: "Primeiro, temos um enorme respeito pela privacidade..."

Número 1: "Nós temos?"

Número 2: "Claro que sim! Não pensamos que alguém deve ter o direito de conferir o extrato bancário de outra pessoa para ver quanto dinheiro ela tem..."

Número 1: "Ou de onde o dinheiro vem, né?"

Número 2: "Isso também. Não somos bisbilhoteiros como nos outros lugares. Mas suponha que meu sobrinho seja pego de qualquer maneira. Talvez uns dedos-duros o denunciem, e ele é julgado e condenado."

Número 1: "Sim, um júri pode fazer isso."

Número 2: "Então um advogado faz uma apelação."

Número 1: "Para qual júri?"

Número 2: "Mais uma boa pergunta. E aqui está a resposta: no nosso país democrático, qualquer tribunal pode acolher a apelação."

Número 1: "Qualquer tribunal? E por que o faria?"

O estadista mais velho apenas sorri. O autor mais jovem da Constituição pensa um pouco e acaba entendendo.

Número 1: "Claro! Talvez o juiz precise de dinheiro para fazer mais um cômodo na casa dele!"

Número 2: "Sim, talvez. E tão logo os questionamentos sobre o veredito comecem a surgir, este é colocado de lado durante a apelação e meu sobrinho permanece livre, enquanto aguarda um novo julgamento."

Número 1: "Mas algum dia aquele julgamento vai terminar, e seu sobrinho será considerado culpado de novo."

Número 2: "Você não está escutando. Eu disse que 'uma apelação pode ser feita para qualquer tribunal'. Tudo que o advogado tem de fazer é uma outra apelação."

Número 1: "Por quanto tempo isso continuaria?"

Número 2: "Provavelmente tempo suficiente para as penas prescreverem. Talvez algumas testemunhas morram ou mudem de opinião em seus depoimentos. Infalível não é. É melhor não ser pego."

Número 1: "Os promotores não vão gostar disso... mas os juízes ficarão ocupados com um bocado de custosos processos de apelação, e os advogados de defesa terão sempre trabalho, representando clientes que têm condição de pagar seus honorários."

Número 2: "Os promotores são funcionários do governo. Podemos controlá-los."

Lembro ao leitor que a justiça não existe no Brasil. Não se esqueça de que o nosso sistema legal foi planejado para proteger aquele que viola a lei, não a pessoa inocente e a vítima do crime.

Eis a minha visão sobre isso: se você fosse uma raposa que roubasse galinhas, faria um sistema legal que fosse eficiente para condenar e punir as raposas? De acordo com o nosso relato como testemunhas do esquema, é claro que as raposas montaram esse sistema engenhoso para criar intencionalmente um judiciário ineficaz.

Na época em que os regimes ditatoriais começaram a ficar em baixa, em torno de 1988, para dar a impressão de ser uma democracia era necessário que houvessem juízes nos tribunais. Um júri significa perigo para uma raposa, são membros demais para subornar. Juízes existem em número menor.

No Brasil, um homem rico pode bancar aquele jeitinho brasileiro que não se encontra na maior parte dos países: ele pode contratar um advogado e sair procurando até encontrar um juiz que julgue novamente o caso e, quem sabe, dê uma opinião diferente. Ou, como disse Avritzer:

Como sabemos, o Judiciário brasileiro, diferentemente do de outros países, opera com a presunção da inocência no decorrer de todo o processo judicial. Isso significa que uma condenação em primeira instância raramente é suficiente para fazer que alguém cumpra pena, se essa pessoa tem a capacidade de recorrer às instâncias superiores do Judiciário.[25]

Meu amigo promotor me explicou como os criminosos que têm bons advogados permanecem sem punição:

— Um jogador de futebol matou duas pessoas quando dirigia bêbado no Rio. Isso aconteceu 13 anos atrás, e o caso ainda está sendo julgado porque os advogados não deixam que ele chegue ao fim. Três juízes o consideram culpado. Agora haverá um quarto julgamento.

— O caso desse jogador tem se arrastado desde 1996. O que faz com que isso aconteça?

— A sentença de um juiz pode ser questionada. Ele deve justificar suas decisões.

Ainda segundo meu amigo promotor, "se um juiz preside um julgamento no qual alguém é considerado culpado, essa decisão pode ser anulada interminavelmente. O jogador de fu-

---

25 AVRITZER, Leonardo. Risco para a democracia. In: *Pensar Brasil*, 9 de outubro de 2009, p. 7.

tebol foi considerado culpado três vezes, mas um quarto julgamento está para acontecer. Idealmente, somente um tribunal superior, um tribunal de apelação, poderia rever o caso e permitir um novo julgamento. No Brasil, um caso pode ser julgado outra vez ou por um juiz do mesmo nível ou de um nível superior. Não apenas revisado, mas julgado de novo. Nem mesmo a condenação de alguns dos participantes do Mensalão pelo Supremo Tribunal Federal conseguiu dar um fim à corrupção, mas não é nenhuma surpresa que nenhum dos acusados tenha sido punido. O veredito do STF está sendo contestado, e enquanto está sendo revisto os criminosos permanecerão livres, e isso pode continuar até que o prazo para a condenação se esgote e as sentenças prescrevam".

— Como é que é? Uma sentença dada pelo Supremo Tribunal pode ser contestada? Em que outra "democracia" um Supremo Tribunal não é realmente superior? Se há outro país assim, aposto que é governado por raposas.

Pois é. Os autores da Constituição não confiavam em tribunais. Sem dúvida, não queriam tribunais eficientes e rápidos. Que raposa quer ver uma outra raposa ser apanhada roubando? Ela sabe que pode ser a próxima.

— Julgamentos podem acontecer em número infinito. Os advogados de defesa podem pedir *habeas corpus* indefinidamente. No Brasil, metade das sentenças é anulada — me disse o promotor.

— E por que os juízes querem julgar todos esses casos de novo?

— Não existe lógica. O sistema considera uma punição como algo ruim, e acredita que não se deve combater o mal com outro mal. Assim, se houver alguma chance de alguém ser inocente, ele não vai ficar nem um dia na prisão. Eu não concordo. Deixar livre uma pessoa que foi julgada culpada também é ruim. Às vezes, a punição é construtiva. A punição existe para prevenir que o culpado cometa crimes no futuro e para impedir crimes semelhantes cometidos por outras pessoas. Aqueles que cometem crimes devem ser removidos da sociedade até se reabilitarem.

Um jornal relatou um exemplo perfeito: um ex-deputado foi condenado por ter mutilado com serra elétrica e assassinado um mecânico e seu filho de 13 anos. Recebeu uma sentença de 15 anos, acrescida de mais três devido a seus antecedentes criminais: anteriormente ele tinha sido condenado a 88 anos por narcotráfico, formação de quadrilha, compra de votos e homicídio. Puxa! Muito severa, essa pena! Três anos a mais!

Apesar da seriedade do crime e dos antecedentes criminais do acusado, o juiz sentiu que era necessário justificar a sentença. Achou que as circunstâncias que resultaram na morte da vítima eram "insensíveis", e talvez esse juiz estivesse certo. Amputar os braços, as pernas e o pênis com uma serra, de fato, parece insensível. Fiquei pensando se o criminoso teria direito a outro julgamento e se ficaria livre nas ruas até que o processo terminasse. Isso funcionou por 13 anos. E se um outro juiz assumir um novo julgamento, também terá que explicar a sentença que vier a estabelecer? Por que razão um juiz se sentiria culpado por punir um assassino de serra elétrica?

Em vez de apontar para o problema dentro do Judiciário, as raposas se queixam de que são presumidamente culpadas, como se o veredito do tribunal nada significasse. Escosteguy citou o deputado José Genoíno quando ele se queixou assim: "Hoje, você é culpado até que prove a sua inocência".[26]

Não é exatamente o que uma raposa diria? Mas, de acordo com o jurista que entrevistei, o problema é bem o oposto: no Brasil, ninguém é culpado até que isso se prove indefinidamente; é como se o Judiciário estivesse tentando proteger da punição os cidadãos culpados.

A esta altura, alguém poderia perguntar por que os juízes que continuam a presidir esses rejulgamentos não são removidos do posto.

---

26 ESCOSTEGUY, Diego. A ética dos incomuns. In: *VEJA*, edição de 11 de novembro de 2009.

Em teoria, deveria ser possível avaliar o desempenho do governo, inclusive do Judiciário: A Constituição Federal estabelece o princípio da prestação de contas dos agentes públicos (Art. 34, § VII).[27]

Apesar da Constituição, ninguém acessa o desempenho do Judiciário ou avalia a sua eficiência. Os dados não estão disponíveis: "A opacidade apenas alimenta a suspeita de que os ministros do sistema judiciário estão comprometidos com interesses políticos e econômicos (...). A justiça não é o objetivo do Judiciário brasileiro."[28]

Quão opaco é o nosso governo? Dentre os 183 países avaliados pela Transparency International em 2011, o Brasil estava empatado com a Tunísia no 73º lugar, com uma pontuação de 3,8. Não é bom ter a Tunísia como companhia. E mesmo já sendo tão ruim a nossa resistência em fiscalizar, é mais desencorajador ainda ver que as coisas estão piorando, que ficamos ainda piores comparativamente desde 2006.

Sem transparência no comportamento do governo, "nem o sistema judiciário nem os sistemas de disciplina interna da polícia con-

---

27 Fonte: http://www.dji.com.br/constituicao_federal/cf034a036.htm.
28 ABRAMO, Claudio Weber. Por que não há justiça no Brasil. In: http://colunistas.ig.com.br/claudioabramo/2006/06/20/por-que-nao-ha-justica-no-brasil.

seguem punir efetivamente os policiais, o que piora o problema da impunidade. Os meios pelos quais o governo controla a corrupção inevitável — somados às falhas mencionadas acima — se dão através de mecanismos de contabilidade, que estão faltando no Brasil".[29]

Meu amigo jurista falou ainda de um outro mecanismo pelo qual o indivíduo culpado permanece impune:

— Temos cerca de 1900 processos aguardando conclusão. Se alguém está esperando julgamento na prisão, ele terá direito a um julgamento antes daqueles que estão aguardando em liberdade. Isso atrasa os processos daqueles que não estão presos. Como somente os pobres vão para a cadeia, qualquer um que puder pagar um advogado ficará livre. Além disso, há um prazo para se esperar um julgamento. Enquanto um criminoso aguarda, o tempo-limite pode expirar e fazer com que o processo seja arquivado.

— Conheço um caso assim, numa cidade pequena. O pai da vítima aguarda o julgamento do assassino de seu filho, mas isso não vai acontecer. Ele sempre encontra o assassino do seu filho em restaurantes e cinemas. Toda semana ele vai ao escritório do promotor para conferir o progresso do caso, mas nada acontece. Há oito

---

29 REAMES, Benjamin. *Creating Accountability in Federal Democracies: The Diffusion of Police Oversight Policies in Brazil and the U.S.* New York: Columbia University, 2006.

mil casos esperando julgamento, e o julgamento nesse caso pode nunca acontecer. Já ameacei divulgar essa informação. As pessoas temem que, se um jornalista publicar isso, muita gente vai começar a atirar nos outros por vingança.

Fiquei pensando em como essas mazelas sociais podem ser corrigidas no caso de a informação continuar a ser sonegada às pessoas. Com essas palavras, Marcelo Araújo inspirou este livro: "A ilusão de um funcionamento neutro e igualitário do Direito Penal deve ser rechaçada veementemente pelos sujeitos críticos que, a partir da clara visão do atual estado de coisas, podem, de modo mais profícuo, buscar uma sociedade verdadeiramente livre, justa e solidária."[30]

Entre as "democracias", apenas o Brasil demonstra ter um alto nível de desconfiança em relação a seus tribunais. Em teoria, as verdadeiras democracias fazem leis para proteger o cidadão contra prejuízos, e o sistema judiciário é o guardião da justiça.

Um sistema de tribunais sério não é bom para uma cleptocracia. Numa cleptocracia, cometer crimes é somente um modo a mais de negociar; e um sistema judiciário forte realmente poderia interferir nesses negócios, como sempre faz. Ou, como costumamos dizer, aqui tudo

---

30 *Só é preso quem quer. Op. Cit.*, p. 121.=

"termina em pizza."

Em defesa dessa flacidez legal, a raposa se veste como um Papa e diz que a maior parte dos pecados será perdoada, ficará impune. Isso é verdade, dependendo do que você quer dizer. Contudo, nós, as galinhas, precisamos de proteção. Quem irá nos proteger das gangues armadas, que invadem nossas casas ou estupram nossas mulheres e nossas filhas?

O perdão para um crime não deveria significar falha em proteger os cidadãos das pessoas violentas e imorais. Se não quiserem que nos tornemos vingativos, tranquem as raposas bem longe de nós, as galinhas. Em um lugar bacana, se quiserem. Mas tranquem-nas. Tratem bem delas. Concedam-lhes o perdão. Mas não as deixem fora de suas vistas. Perdoar crimes não nos torna mais seguros.

Barroso nos conta por que o nosso sistema judiciário alimenta a corrupção: "Porque a morosidade do Judiciário alimenta a impunidade e esta abastece a ganância de detentores do poder em assaltar os cofres públicos. Sem ameaça atual e iminente de punição efetiva (não esta de mandar delinquente público prestar serviços à comunidade, ao invés de ir mofar atrás das grades) a corrupção jamais será combatida efetivamente. Correndo solta, ela se torna indestrutível e inexpugnável, pela fragilidade dos instrumentos usados para combatê-la".[31]

Parte II: O Supremo Tribunal pode nos salvar?

Em artigo intitulado "O Papel do Judiciário", Antonio Armando dos Anjos disse que o Judiciário precisa agir com todo o seu potencial como um órgão do Estado, a fim de superar as faltas e limitar os excessos em relação à dignidade da pessoa (Artigo I, parágrafo 3), para promover uma sociedade livre, justa e solidária e (...) para o bem-estar de todos (Artigo 3). A lei não impedirá o Judiciário de levar em consideração qualquer ameaça aos direitos devidos à família, com absoluta prioridade para a criança e o adolescente (Artigo 5, parágrafo 35).[32]

Se eu entendi corretamente, ele disse que o papel do sistema jurídico era proteger os direitos e o bem-estar das pessoas contra, até mesmo, os excessos do próprio governo ou de suas leis. Então ele citou Celso de Mello como tendo dito que, à medida que o Judiciário tenta evitar o ativismo judicial, ele não pode se

---

31 BARROSO, Jadir. Impunidade: causa principal do aumento da corrupção no país. In: *Mercado Comum*, nº 190, Ano XV. Belo Horizonte: abril de 2008, p. 73.
32 *Estado de Minas*, 05/09/2009.

tornar completamente passivo na correção do comportamento inconstitucional do governo.[33] Meu amigo jurista me disse que, em vez de lutar contra a Constituição, o Judiciário tem mantido seu foco na proteção da liberdade de criminosos sentenciados e dos direitos de privacidade dos suspeitos de fraude.

Em teoria, o Supremo Tribunal poderia redefinir a nação. Durante o movimento "Ficha Limpa", os advogados argumentavam que o Supremo poderia recusar um parágrafo da Constituição caso os juízes o considerassem uma violação contra alguma outra cláusula, provavelmente uma que estabelecesse um princípio superior. Se a pesquisa feita pela revista *Veja* reflete a opinião pública, o povo brasileiro quer que as autoridades do governo obedeçam à lei, ou então que sofram as consequências como qualquer cidadão "comum".

Perguntei ao jurista:

— Se o "foro privilegiado" viola o Artigo V da Constituição, o Supremo Tribunal pode derrubá-lo"

— Sim.

A justificativa dele para o Supremo derrubar o direito à imunidade do legislador se expressa assim:

_____

33 MELLO, Celso de. Entrevista. In: *Consultor Jurídico*, março de 2006.

1. As políticas públicas deveriam se derivar de regras universais, não de hierarquias sociais ou políticas pré-existentes.[34]

2. A Constituição Brasileira estabelece algumas regras básicas. Por exemplo: todos são iguais perante a lei.

3. Portanto, "júris privilegiados" violam uma premissa básica da Constituição.

— E por que o Supremo não derruba isso? — perguntei.

— Não é assim tão fácil. O Supremo tem onze ministros, escolhidos pelo Presidente para trabalhar até os 70 anos de idade ou até que morram. Assim, basicamente, eles estão ali para sempre. Não há consistência nessas escolhas, e as decisões se tornam políticas, o que não significa que sejam conciliatórias, mas sim que defendem egoisticamente certos interesses. Em troca de algo que queiram, os ministros podem simplesmente fazer uma interpretação diferente da Constituição.

Quais são as chances de que o Supremo consiga submeter os políticos aos mesmos padrões legais que qualquer outro cidadão? De

---

34 AVRITZER, Leonardo. Esfera Pública. In: *Corrupção - Ensaios e Críticas. Op. Cit*, pp. 133-137.

acordo com o meu especialista em Direito, tudo depende de quem o presidente nomeia para ocupar as vagas no Supremo Tribunal.

Uma revista publicou um artigo sobre Antonio Toffoli, nomeado por Lula para uma vaga no Supremo. De acordo com o artigo, ao homem indicado caberia "a nobre tarefa de proteger o espírito da Constituição da República — documento que consagra os princípios e os valores da democracia e da Justiça no Brasil (…). Ele foi condenado pela Justiça em dois processos que correm em primeira instância no estado do Amapá. Em termos solenemente pesados, a sentença mais recente manda Toffoli devolver aos cofres públicos a quantia de 700.000 reais — dinheiro recebido 'indevidamente e imoralmente' por contratos 'absolutamente ilegais' (…)".[35] Ele tinha uma qualificação: foi advogado do partido do presidente Lula. O problema foi resolvido quando o juiz que condenara Toffoli anteriormente mudou de opinião e suspendeu seu próprio veredito. O senhor Toffoli não era mais um fraudador condenado, afinal.

Isso ouvimos da boca de um especialista. É assim que o governo frustra os anseios do povo. Os advogados nos dizem que a licença para roubar está escrita na Constituição, na cláusula que garante ao empregado federal o privilégio de ser

35 ESCOSTEGUY, Diego. Ministro e réu. In: *VEJA*, 23 setembro de, 2009, pp. 70-73.

julgado apenas pelo Supremo Tribunal.

Em outras palavras, o advogado está dizendo que a própria lei da terra infectou a terra. Especialistas têm apontado para as muitas práticas que espalham a infecção (apadrinhamento político, nepotismo, fracasso do judiciário em proteger a população do crime, falta de transparência etc. etc.). Se as pessoas não reconhecerem a causa estrutural básica, vão erroneamente pensar que, através do voto, elegerão candidatos que limparão o governo. Mas a Constituição fornece a estrutura dentro da qual a corrupção pode continuar a existir.

E ninguém pensa assim, a não ser um velho político, João Camilo Penna, que concluiu uma entrevista com estas palavras: "A Constituição de 1988 (...) tornou o Brasil não competitivo por aumentar muito as despesas públicas e criar privilégios insustentáveis (...). A situação está numa grande reforma constitucional".[36]

Para se ter um judiciário eficiente são necessárias duas coisas de que as raposas não gostam: leis devidamente reforçadas e punições efetivas, e estas deveriam ser aplicadas pelos próprios juízes. Para saber se o juiz está seguin-

---

36 PENNA, Flávio. Euforia Perigosa. In: *Viver*. Ano 2, nº 21, setembro de 2009, pp. 66-69.

do os procedimentos corretos, seus casos teriam que ser revisados ou supervisionados. Para saber se ele está recebendo suborno, a Polícia Federal precisaria ter acesso aos seus dados bancários. Comportamento incorreto nos tribunais ou nos bastidores da sala deveria resultar em demissão ou processo. Um juiz desonesto não encontraria refúgio no foro privilegiado.

Antes de encerrar o tema da fiscalização do STF, antecipo a reação de qualquer uma das raposas ao saber que os dados bancários de um juiz teriam que ser analisados pela Polícia Federal:

— Seria uma invasão de privacidade! — ela protestaria.

E nisso estaria certa. Na maior parte das democracias, contudo, o direito à privacidade não é absoluto. Em alguns lugares, se o promotor conseguir convencer um juiz de que há causa suficiente para um processo, o juiz dá permissão para investigar os registros do acusado. Essa invasão de privacidade é permitida em países onde se entende que a supervisão é necessária. O "sistema de honra" não funciona onde o poder e o dinheiro são interesses, e o Brasil é uma prova viva disso.

O *Foro privilegiado* supõe que o sistema legal é corrupto e não confiável, mas não é corrupto no sentido de um dia ter funcionado bem e de repente ter começado a falhar: ele foi planejado para ser maleável.

Infelizmente, não há uma boa nação se não houver um bom sistema judiciário. Nenhuma. O sistema judiciário tem que ser fortalecido pela seleção de juízes e pela supervisão judiciária.

Capítulo 4
O Brasil não é seguro

A injustiça intrínseca a um *foro privilegiado* deveria ser óbvia, mas não é algo que tira o nosso sono. Alguns de nós permanecem acordados, escutando as pancadas, o som dos fogos de artifício ou talvez dos tiros e da gritaria, e esperamos que não tenham invadido o *nosso* apartamento dessa vez. Alguns usam um mecanismo que os psicólogos chamam de "negação": "Não vai acontecer comigo. Eu serei um dos sortudos".

É claro, os homens que colocaram o revólver na boca do meu amigo e apertaram o gatilho já tinham sido soltos e aguardavam o julgamento em liberdade. Onde estariam esta noite?

Ou então, talvez tenhamos planejado ir de ônibus para o aeroporto. E pensamos: *Só porque sequestraram um ônibus na semana passada, não significa que irão fazê-lo de novo.*

Pode não acontecer com você, mas algum

ato de violência vai acontecer com algum conhecido seu, talvez com alguém que você ama. Você está esperando que as raposas o protejam? As raposas virão em seu socorro?

Como parece evidente, para melhorar a segurança precisamos de forças policiais mais efetivas, mas prender se torna sem sentido se o sistema judicial é construído para libertar os criminosos. Do mesmo modo, um judiciário bem planejado se torna inútil sem uma polícia eficiente.

Montar forças policiais eficientes não é algo obscuro ou difícil de entender, como, por exemplo, a física nuclear. Os especialistas sabem como fazê-lo. A receita infalível para uma polícia ruim requer os seguintes ingredientes: não forneça treinamento adequado aos policiais, sobrecarregue-os de trabalho, pague um salário indigno, não forneça armas adequadas, deixe-os sem supervisão dos superiores ou das comissões civis. Temos todos esses ingredientes em estoque no Brasil. Melhorar nossa segurança requer muitas melhorias na polícia, mas é tudo inútil, a menos que o judiciário seja reestruturado.

Para combater o crime organizado, entrincheirado e protegido pelos altos escalões do governo, o sistema judiciário precisaria das ferramentas e da reorganização descritas no capítulo anterior. Araújo explica:

O combate ao crime organizado no Brasil restringe-se, quase que totalmente, às consequências visíveis e mais deletérias das organizações criminosas, como o tráfico de drogas e armas, o jogo de azar, a prostituição, a violência urbana e as ações tomadas por grupos de presidiários. Para um efetivo combate ao crime organizado, entretanto, existe uma necessidade indelével de atacar, além das manifestações mais evidentes, também as relações ocultas, eminentemente financeiras, do crime com o Estado institucionalizado.[37]

Em outro artigo, ele disse:

Destarte, como disse o então Delegado de Polícia, eles não têm conhecimento ou contatos suficientes para, perenemente, movimentar milhões de dólares ou participar do jogo de poder e dinheiro que caracteriza o relacionamento com as altas cúpulas do Estado constituído.[38]

Uma razão para o reforço inadequado da lei é o fracasso da polícia na investigação de cri-

---

37 *Só é preso quem quer. Op. Cit.*, p. 71.
38 Idem, p. 69.

mes. Conforme Benjamin Reames:

> Considere o fato de que o Estado de São Paulo mantém um contingente de Polícia Civil de 36.000 membros para investigar crimes, e que existem 523.396 relatos de crimes oficialmente registrados em 1999, mas apenas 84.519 investigações policiais foram iniciadas (...). O Ministério Público processou formalmente 25.300 casos, dos quais 12.102 começaram com a captura do suspeito em flagrante, o que não requer muita atividade investigativa. Em suma, apenas 2,5% de todos os crimes registrados foram a julgamento como resultado efetivo das investigações policiais.[39]

Um estudo da Polícia Militar mostrou que nem mesmo os policiais estavam satisfeitos com o trabalho que faziam. Um deles quase admitiu que recebia propinas; explicou por que o fazia e também por que soltava os criminosos e as consequências disso: "(...) a vítima fica à mercê do ladrão. Não podemos fornecer proteção individual se não tivermos uma ordem vinda de cima (...). Se houvesse justiça! A corrupção está em toda a parte. Aqui todo mundo trabalha na base do dinheiro (...). Se você quer alguma coi-

---

[39] *Creating Accountability in Federal Democracies. Op. Cit.*

sa, você paga por ela". Quanto ao efeito desse sistema, ele disse: "Os policiais militares são ridicularizados (...). Andar por aí de uniforme (...) é uma fonte de vergonha. As pessoas não gostam da polícia. Elas chegam a ter medo da polícia hoje em dia".[40]

A maioria dos policiais militares (21 dos 27 que já tentaram suicídio) se queixou das condições de trabalho tais como:

(1) a pressão que recebiam dos superiores: "Eu não estava preparado para lidar com a ditadura, que é muito castradora (...). O sistema discrimina qualquer forma de fraqueza";

(2) longas jornadas de trabalho provocam estresse: "Você sabe quando está indo para o trabalho, mas não sabe quando vai voltar para casa";

(3) o trabalho noturno e as mudanças de turno geram fadiga e colocam os policiais em risco: "Trabalhando à noite, eu não podia dormir. Isso mudou a minha personalidade. Fiquei irritável e agressivo";

(4) esquemas imprevisíveis de trabalho

---

40 NOGUEIRA, Geralda Eloisa Gonçalves. *Analise de tentativas de autoextermínio entre policias militares: um estudo em Saúde Mental e Trabalho*. Belo Horizonte: UFMG, Faculdade de Filosofia e Ciências Humanas, mestrado em Psicologia, 2005, pp. 188-189.

e comunicação pobre ou complicada com os superiores vieram à tona no comentário de um policial que tentou o suicídio: "O que me estressa são as relações na delegacia (...). Esperar o mês inteiro por uma folga e, quando ela chega e o dia foi mudado, isso perturba o cara";

(5) características da violência na atualidade, como a disparidade entre os armamentos (tipo, tecnologia e número) utilizados pela polícia e pelos marginais;

(6) um policial foi acusado de um crime que ele negou ter cometido, e o estresse foi aumentado pelo fato de que o processo legal durou 20 anos;

(7) com um salário baixo e condições difíceis de trabalho, os padrões de seleção permanecem baixos; geralmente os recrutas têm problemas pré-existentes, tais como depressão ou alguma outra doença mental, ou um histórico de uso de drogas e álcool;

(8) alguns policiais ficam perturbados com o fato de que os cidadãos não estão satisfeitos com o desempenho deles: "(...) às vezes, a gente é tão infeliz que passamos na frente da casa lotérica logo depois que houve um assalto (...); a gente sempre quer dar um resposta imediata para o reclamante, mas tem hora em que não conseguimos";

(9) muitos problemas resultam dos baixos salários da polícia militar, como, por exemplo: "Tenho uma família, mas não temos nada. Cortaram a água e a luz";

(10) quando um policial tenta trabalhar num segundo emprego para complementar seu salário, a fadiga aparece: "Durmo pouco porque trabalho à noite como segurança de um bar".[41]

A polícia é mal remunerada e tem oportunidades de roubar. Os supervisores poderiam insistir em que seus subordinados obedecessem e reforçassem a lei, mas em geral não o fazem.[42]

Os controles externos servem como um auxílio ao controle interno nas delegacias de polícia. No Brasil, eles poderiam vir do Ministério Público, que é o responsável pela investigação e pelo processo dos casos de má conduta policial, mas esse órgão não tem realizado essa função.[43] Ou poderiam vir das comissões da Polícia Civil, mas a experiência nos mostra que uma coisa é certa: a sociedade civil deve estar envolvida no acompanhamento da tendência à violência po-

---

41 Idem.

42 BEATO, Cláudio. Corrupção Policial. In: *Corrupção - Ensaios e Críticas*, *Op. Cit.*

43 REAMES, Benjamin, *Creating Accountability in Federal Democracies. Op. Cit.*

licial e planejamento da polícia.[44]

Quando votamos para abolir o direito à posse de armas pelo cidadão comum, depositamos uma imensa confiança no nosso bando de raposas e no interesse e na habilidade delas em nos proteger. Talvez nos tornássemos um país seguro sem uma mudança total da Constituição, sem uma reforma nas nossas instituições e sem uma redefinição dos conceitos de justiça e privacidade. Talvez. Mas não sei como.

---

44 Idem.

Capítulo 5
O Brasil não tem uma economia de livre mercado

Além do problema da nossa insegurança, também nos queixamos do custo de vida. Temos razão de nos queixar. No final de 2011, o Brasil se tornou a 6ª maior economia do mundo. Temos companhias de propriedade privada (diferentes das que são propriedade do governo) e uma bolsa de valores, mas ainda não temos uma economia de livre mercado. Em outras palavras, nossos preços não são estabelecidos pela relação entre oferta e demanda.

Nenhum país tem um mercado livre sem uma ação do governo para impedir monopólios, fixação de preços e cartéis — seu nome é legião. Porque nos falta competitividade em nossa economia, o nosso *real* consegue comprar menos do que precisamos, em comparação com a maioria dos países. Na verdade, nosso custo de vida se destaca como o sexagésimo entre 102 países, colocando-nos entre a Letônia e a Lituânia. Nos nossos centros urbanos, o poder de compra da nossa moeda está entre os mais baixos do mundo.

Alguns economistas pensam que é ótimo que nossa mão de obra seja tão mal remunerada. Isto significa que as fábricas brasileiras podem competir em negócios com a China e Bangladesh, e que podemos exportar nossos produtos. Mas como um economista poderia explicar que os sapatos fabricados no Brasil ou o nosso suco de açaí custem mais caro aqui do que custam depois que são exportados para os Estados Unidos? A resposta é: a combinação de uma política de fixação de preços e tarifas. Como isso beneficia a maioria dos brasileiros? Como isso pode ser *democrático*?

Nosso custo de vida é alto, em parte, porque nos engajamos em práticas que são consideradas ilegais e perseguidas nos países que se empenham em estabelecer preços através da livre competição. As raposas não gostam de correr o risco de perder dinheiro, portanto, elas entram nos cartéis que estabelecem os preços. Quando algum projeto do governo supostamente é aberto à licitação, o jovem e ambicioso empreendedor que está preparado para usar técnicas inovadoras e aceitar um lucro menor não pode nem ao menos submeter uma proposta se não pagar uma taxa (que é um suborno). E, mesmo se vencer, ele não terá permissão para inovar. As inovações aborrecem as raposas. Fazem com que elas trabalhem mais para manter sua riqueza.

Que diferença faz para nós se alguém paga um suborno para conseguir o que quer? Isso nos afeta porque o suborno aumenta o preço que pagamos pelos produtos, além de desencorajar novos negócios, a inovação e a poupança de recursos. Quando um rico homem de negócios paga um suborno, ele eleva o custo de um produto ou de um serviço, resultando em mudanças na distribuição de bens. A economia do Brasil, ao contrário de um mercado livre e competitivo, funciona mais como um sistema de previdência para os ricos, resultando em inflação.

Não obstante, a motivação para o lucro não é, em si mesma, um crime. A riqueza não é um crime. Quando caça as galinhas, a raposa está apenas fazendo seu trabalho de raposa. Quando um empresário faz tudo que pode para obter seu último real, ele está apenas fazendo seu trabalho em um sistema capitalista. Num mercado livre, o conceito de "justo" não tem nada a ver com preços. Preços são estabelecidos pela interação entre oferta e demanda. Contudo, onde quer que monopólios e cartéis tenham permissão para existir, os preços vão se elevar, porque, ali, nenhum competidor está tentando obter o seu dinheiro vendendo mais barato.

Em outras palavras, não há nada essencialmente errado com as raposas. O problema é que não se pode confiar nelas para tomarem conta do galinheiro. Num país capitalista, a tarefa do governo é lutar contra monopólios, e não ajudá-los. Mas no Brasil não existe separação entre a riqueza e o governo. O Brasil é uma cleptocracia, e, desde que aqui se beneficia o rico e o poderoso, já que o pobre tem menos para ser roubado, a primeira vítima do ladrão é a classe média.

O Brasil nunca se elevou acima do seu passado econômico. A nação foi dada a mais ou menos uma dúzia de famílias, e os demais ou eram empregados ou escravos. As raposas ainda agem como se a terra fosse só delas; fingimos que não é e nos queixamos, mas, até recentemente, não tínhamos feito nada para mudar isso. Conforme Easterly:

> Os governos podem evitar destruir o crescimento. (...) evitam qualquer das ações seguintes, capazes de gerar baixos incentivos ao crescimento: inflação alta, ágio alto no mercado paralelo, déficits orçamentários altos, taxa de juro real fortemente negativa, restrições ao livre comércio, excessiva regu-

lamentação e serviços públicos precários.[45]

O jornal *Estado de Minas* relatou algumas dificuldades com a administração feita pelas raposas: "Basta notar que nada menos que 50% das empresas criadas morrem antes de completarem dois anos (…). Elas são vítimas de um conjunto mortal para o empreendedorismo no Brasil: carga tributária alta e complexa, burocracia excessiva e uma taxa de juros que, ainda que declinante, é alta em relação à média internacional (…). O Brasil fica no 129º lugar no ranking de locais com maior facilidade para a realização de negócios".[46]

Segundo Oliveira Filho: "(…) a existência de privilégios em uma escala tamanha que consome parte substancial dos recursos que deveriam ser destinados aos investimentos (…): aqui reside a razão do incipiente desenvolvimento brasileiro. Este 'entulho de privilégios oligárquicos' é o grande bloqueador do desenvolvimento cívico, econômico e moral do Brasil".[47] Ele não prevê um bom futuro para as galinhas.

Tal como Oliveira Filho, nenhum dos sete economistas premiados com o Nobel em

45 EASTERLY, William. *The Elusive Quest for Growth*. Cambridge: The MIT Press, 2002,

46 *Estado de Minas*, 11 de outubro de 2009.

47 OLIVEIRA FILHO, Mario. *Brasil: o Entulho Oculto dos Privilégios Oligárquicos. Op. Cit.*

2006 previu um bom futuro para nós. Eles declararam a uma revista que o Brasil tinha uma das economias mais fechadas do mundo, devido em grande parte ao "capitalismo dos padrinhos" que favorece certos setores e grupos econômicos, inibe a competição, infla a burocracia e desvia dinheiro do rumo do desenvolvimento.[48]

"Padrinhos" é um outro termo para "raposas".

Parece que estamos seguindo o mesmo caminho que temos seguido há mais de 500 anos. Andrioli cita Mário Amato, quando ele diz: "Diretamente relacionados à concepção patrimonialista da cultura política das elites brasileiras se situam os fenômenos do coronelismo e clientelismo, os quais constituem a base histórica do populismo e do assistencialismo no país (...)".[49]

Segundo Easterly, esse curso poderia ser bom para as raposas, mas é alto o preço pago pelas galinhas indefesas:

A diferença fundamental entre distribucionismo e desenvolvimentismo é a polarização social. As sociedades divididas em fac-

---

48 Idem, p. 90.
49 ANDRIOLI, Antônio Inácio. Causas estruturais da corrupção no Brasil. *Op. Cit.*

ções lutam pelo divisão dos despojos; as sociedades unificadas por uma cultura comum e uma forte classe média criam um consenso a favor do crescimento — crescimento que inclua os pobres.[50]

Sabemos que a polarização já se encontra bem instalada aqui. Quando os coronéis e seus aliados políticos têm todo esse poder, eles podem manipular a economia por motivos políticos. De acordo com Easterly, isso inevitavelmente cria um ambiente de corrupção e privilégios que desperdiça o tempo e o trabalho, consome a renda das pessoas e aumenta os recursos dispendidos na tentativa de subornar os poderosos. O poder político se torna mais rico e a sociedade se torna muito mais pobre.[51]

O apetite das raposas não é apenas perigoso para as galinhas, mas, ao que tudo indica, ruim para a granja em geral. O fazendeiro precisa tomar consciência da situação, e se as galinhas cacarejarem alto o bastante, ele vai pegar a lanterna e investigar o que está acontecendo no galinheiro.

---

50 *The Elusive Quest for Growth. Op. Cit.*, p. 324.
51 Idem.

Capítulo 6

A burocracia brasileira tem origem na Idade das Trevas

Durante a Inquisição portuguesa, o governo e a Igreja se juntaram para interrogar as pessoas, a fim de terem certeza de que elas não estavam cultivando crenças incorretas. A pessoa comum vivia com medo de uma acusação, e é óbvio que de nenhuma maneira a Inquisição beneficiou o cidadão comum. Mas fortaleceu o poder, tanto da Igreja quanto do Rei.

Quinhentos anos mais tarde, para um de nós conseguir um crachá ou uma permissão do governo, precisará de mais do que uma identificação: deve mostrar o original de um documento que eles próprios emitiram... na última vez que você precisou daquela autorização. Temos que entregar a eles algo que eles próprios mandaram para nós. Por que? Será que não sabem o que eles mesmos enviaram? Eles sabem que enviaram para mim, e posso provar que eu sou eu mesmo. Então por que tenho que desenterrar documentos velhos e amarelados?

Tive que ir a um fórum porque, sem que eu percebesse, a funcionária do caixa em um supermercado pegou de má-fé o meu cartão de crédito e o trocou por outro similar, que tinha o mesmo prenome que o meu. Em seguida, naquela mesma noite, ela usou o meu cartão para fazer compras num shopping. Telefonei para a loja, e eles me asseguraram que investigariam o roubo. Mas a verdade é que eles nem ao menos demitiram a funcionária, a despeito do fato de que ela havia praticado esse mesmo tipo de roubo várias vezes, com outras pessoas.

Passei um dia inteiro nesse fórum e contei a mesma história três vezes, até que estabeleceram uma data para uma audiência. Como eu não poderia comparecer naquela data, eles me dariam uma outra? Não, não, não. Eu teria que retornar num outro dia, contar a minha história outras três vezes e então eles marcariam uma nova data. Por que eles simplesmente não olharam a programação das audiências e me ofereceram uma outra data, uma que fosse possível para mim? Porque a burocracia existe para não facilitar a vida de ninguém.

A nossa burocracia é apenas mais uma prova de que o Brasil não foi planejado para as galinhas, assim como a Inquisição não foi planejada para o rebanho. O Brasil é uma granja de galinhas administrada e planejada pelas raposas guardiãs.

Um administrador com MBA me disse que o desenvolvimento do Brasil está atrasado devido ao tamanho da burocracia: "Agora, a administração pública gigante aumenta o custo para comprar e vender e reduz os lucros. O Brasil deve reduzir a burocracia para estimular a economia. A ineficiência exige impostos altos, que impedem o crescimento dos negócios. Todo mundo sabe que o entulho de impostos come os lucros dos negócios... O comércio é diretamente afetado pela corrupção porque o suborno é um custo de fazer negócios."

Segundo a Transparency International, "o motivo para manter uma burocracia ponderosa, ineficiente e cara não é um segredo. O braço executivo dá os cargos para os legisladores em troca do apoio no congresso. As regras permitem aos legisladores empregar os amigos, parentes e os partidários. Assim, nenhuma seleção é exigida. Por causa deste mecanismo, todos os governos brasileiros aumentaram o apoio que eles ganharam nas eleições".[52]

---

52 OSAVA, Mario. Challenges 2005-2006: Corruption in Brazil - Old Tricks, New Dogs. Rio de Janeiro: IPS, 2006. Fonte: http://www.ipsnews.net/2006/01/challenges-2005-2006-corruption-in--brazil-old-tricks-new-dogs/

Pareceu ser um jeito disfuncional de gerenciar uma organização. Como isso poderia mudar? Um proponente da transparência para o governo daria duas respostas. Primeiro, Abramo disse: "Também não precisamos ir tão longe. Todo governante que toma posse tem direito a uma certa quantidade de cargos. Ele tem que ter o poder de nomear secretários, diretores etc. O que tem que ocorrer é uma redução drástica da quantidade, com o estabelecimento de um teto que seja proporcional às quantidades de funcionários de carreira".[53] Soa fácil e rápido, mas em outro lugar, ele disse: "A solução não é misteriosa ou complicada; no entanto, seria laborioso. Exigiria uma limitação drástica no poder que a Constituição dá para os líderes em todos os segmentos do governo. Quem pode emendar a Constituição? O congresso".[54]

O congresso teria interesse nessa reforma?

Perguntei à Fábia se eu estava ficando muito negativo na minha análise. Ela respondeu:

— Não acho. O Brasil é mesmo uma ditadura de ladrões. Estão no governo para isso, para ganhar e conceder favores.

Paulino Cícero disse, em termos numéricos, que "40% do que é produzido destina-se a

---

53 FREITAS, Marcelo. A doença tem cura. *Op. Cit.*, p. 5.
54 ABRAMO, Claudio Weber. Blog/ 2009. In: http://colunistas. ig.com.br/claudioabramo/?doing_wp_cron.

alimentar os burros do governo e custear nossa pesada e improdutiva burocracia".[55]

---

55 VASCONCELOS, Paulino Cícero. In: *Mercado Comum,* ano XV, nº 192, 1/7/2008, p. 20.

CONCLUSÃO
O PROBLEMA DA FALTA DE ESPERANÇA

Com o trabalho quase completado, o planejador mais jovem tinha ainda uma questão:

Número 1: "Muito simples. Temos tudo isso planejado, mas o que vai manter as massas passivas? Não queremos que saiam protestando pelas ruas, pedindo um fim para a corrupção. Às vezes as pessoas fazem isso, você sabe."

Número 2: "O que sempre as manteve passivas? Damos a elas coisas suficientes, um monte de empregos mal remunerados. Temos os programas sociais: damos comida para os mais pobres. Liberamos um pouquinho de cada vez, de modo que as expectativas delas permaneçam baixas. Queremos que fiquem gratas, assim nunca damos tudo de que precisam. Não podemos permitir que fiquem muito ávidas. Assim, as manteremos esperançosas."

Então o velho voltou para as sombras, os dois planejadores caminharam na direção de uma pizzaria e eu fui deixado com o peso de saber a triste verdade sobre o nosso governo. Nossos chavões começaram a fazer sentido, coisas tais como "Se uma pessoa honesta se elege, imediatamente se torna corrupta". Aqueles que são eleitos começam automaticamente a gastar o dinheiro público (isto é, dinheiro conseguido com os impostos que pagamos) com objetivos particulares (tais como viagens para Miami). Agora, eu sabia por que isso acontece.

Quando perguntado se ele pensava que a Câmara deveria ser dissolvida porque fazia mais mal do que bem, Temer deu uma resposta interessante: "No processo político, tudo se baseia na hipótese da conveniência".

Permitam-me interromper. Os gregos nos deram o termo "democracia". As democracias formadas depois do Iluminismo incutiram nos governos o princípio dos *direitos humanos*, que não são aceitos nem seguidos universalmente. A nossa Constituição é, de modo incomum, forte na sua defesa por alguns direitos, e temos instituições que portam nomes associados com democracia: Câmara, Senado, Judiciário. Mas Araújo sugeriu que as estruturas dessas instituições não refletem princípios democráticos tais como são geralmente definidos; pelo contrário, elas se baseiam na liberdade para tomar decisões sem princípio, baseadas na conveniência e na oportunidade para ganhar proveito pessoal — a "hipótese da conveniência", para usar o termo de Temer; uma "cleptocracia", para citar Araújo.

Temer também fez uma analogia: "Dou o exemplo teórico clássico de um presidente que esteja sendo julgado por crime de responsabilidade. Verifica-se também que, se ele perder o cargo, isso poderá levar o país a uma guerra civil. O que fazer nesse caso? A meu ver, seria conveniente evitar o caos institucional mesmo que isso significasse a interrupção do processo de cassação do presidente".[56]

A resposta de Temer sugerida pela analogia é a de que o caos irromperia se os políticos fossem julgados responsáveis por seus crimes e perdessem seus cargos. Os leitores ficam inclinados a concordar: "Claro, a clemência é melhor do que a guerra civil". Somente depois é que eles começariam a perguntar: "Espere, não estávamos falando sobre um presidente popular sendo impedido. Falávamos de deputados perdendo seus cargos por uso do dinheiro público em viagens de férias. Por que uma guerra civil irromperia se alguns congressistas desonestos perdessem o emprego?" Talvez Temer estivesse sugerindo que todos no governo recebem suborno. Se é isso, então o escândalo chegaria até

---

56 TEMER, Michel. Entrevista à Revista *Veja*, 20/04/2009, p. 21.

a presidência.

Se o argumento não reflete um perigo real, então qual é o seu objetivo? Que tal isso: o lema brasileiro é "Ordem e Progresso". Temos então tanto medo da desordem que nem ousamos pedir uma reforma? Nosso lema não diz nada sobre conduta ética ou a regra de uma lei. Talvez estejamos precisando de um novo lema.

Precisamos de corrupção? O suborno é o único modo pelo qual as pessoas podem chegar a um consenso? Parte do renascimento da civilização ocidental envolveu novos modos de pensar em relação à política. Até mesmo Maquiavel, o grande mestre das maquinações da política do Príncipe, fez uma distinção entre a comercialização e o roubo de cavalos. Maquiavel nos advertiu de que a corrupção política corrói o conjunto político e é fatal para o Estado.

A mídia continua a relatar suas notícias deprimentes, dia após dia. "Nada muda com a Elite", anuncia a manchete. "O Senado se reuniu para anunciar uma reforma administrativa sem desagradar o alto escalão dos trabalhadores: os que ocupam a categoria mais elevada de cargos perderão seus títulos, mas terão seus salários mantidos. Isto muda a hierarquia mas não o bolso".[57]

Magalhães entendeu que "o Estado brasi-

---

57 *Estado de Minas*, 13 de maio de 2009.

leiro não está constituído para funcionar etica-
mente";[58] ele espera que a reforma possa ocorrer, se gerações de brasileiros forem educadas
com relação à ética. Mas já ouvimos que não se
pode esperar que as pessoas no poder desistam
de todos os privilégios voluntariamente. E por
que as raposas prestariam atenção no volume
dos cacarejos?

Cabe às galinhas insistirem na reforma.
Nas palavras de um negociante em Lavras Novas, Minas Gerais: "Não alcançamos a autoges-
tão. Sem saber como solucionar o problema, as
pessoas perdem a esperança. Mudam-se para
outros países, quando podem. Acreditam que
protestos são inúteis".

As raposas não querem aceitar o controle
feito pela lei, pois se consideram as donas do
país. A palavra delas é a lei, e assim tem sido
por mais de 500 anos, antes, durante e depois
da ditadura.

Mas para o Brasil funcionar como uma
democracia, as pessoas precisam ser capazes de
escolher quem elas querem para fazer as leis, e
então as leis teriam de ser reforçadas por todos,
sem portas de saída para a raposa escapar. Es-
taremos motivados para insistir em uma Constituição que de fato garanta uma democracia
representativa? O que aprendemos sobre o que

---

58 MAGALHÃES, Luiz Antonio. Parlamento: É publico, é privado.
Op. Cit.

é necessário?

Para haver justiça no Brasil, teríamos que ter um sistema judiciário com acesso limitado a apelações; e precisamos de juristas bem treinados, que trabalhem sob o escrutínio do público. Seria um grande trabalho, mas inútil, caso a legislatura não fizesse as leis corretas.

O trabalho do legislativo é fazer leis, mas nossos legisladores violam a lei. O "foro privilegiado" os convida a desviar o dinheiro dos impostos pagos pelos cidadãos, e eles não resistem a esse convite. Para conseguir homens e mulheres obedientes à lei, e que formulem boas leis, em primeiro lugar deveria haver uma emenda à Constituição para remover o foro privilegiado, ou então que ele fosse derrubado pelo Supremo Tribunal Federal. Em seguida, o processo da nomeação de candidatos teria que ser democratizado e vigiado para prevenir subornos. Os votos iriam para candidatos de distritos designados, não para partidos; e o financiamento das campanhas deveria vir do governo, em vez de vir da toca das raposas.

Mas nada disso faria bem algum se não pudéssemos pegar as pessoas que violassem as novas leis contra suborno e fraude. Assim, teríamos que fortalecer os tribunais de júri, para permitir que a polícia examinasse os registros dos contratos suspeitos. Contudo, nada disso será possível se não tivermos uma polícia mais bem treinada, remunerada, armada e supervisionada. Assim, talvez a criminalidade ficasse sob controle e o mercado abaixasse os preços. Se qualquer parte da estrutura for negligenciada, o sistema desmorona.

Isso não é difícil entender, uma vez que se aceite a premissa de que a Constituição permitiu a construção de uma cleptocracia, que por sua vez permite que as raposas continuem a se alimentar dos recursos do Brasil e do trabalho dos cidadãos.

Aí está: isso não é nenhuma física nuclear. A construção de uma nação é difícil de se fazer de baixo para cima. Lembrem-se do movimento *Occupy Wall Street*. Infelizmente, o movimento se esvaziou porque faltava um foco, uma direção e uma agenda. Porque nossos guardiões são as mesmas pessoas que nos atormentam, nada vai mudar sem um plano.

Segundo Mário de Oliveira Filho, "a grandeza de um país não é fruto do destino, do acaso, e muito menos de lideranças populistas; mas, sim, o resultado do trabalho duro, do estudo constante e do patriotismo dos seus filhos".

Esta obra foi composta em Adobe
Garamond 13/14. Impressa com miolo
em offset 75g e capa em cartão 250g, por
Createspace/ Amazon.